LOVYS par la grace de Dieu, ROY de France, & de Nauar-
re. A tous presens, & à venir, sa-
lut. Les Roys nos predecesseurs ont tous-
jours eu en grande recommandation de
faire rédre & administrer la iustice à leurs
sujets par leurs officiers sur les lieux,
& pris vn soin particulier de remedier
aux desordres, abus & inconueniens qui
arriuent en la distribution de la iustice,
par les Euocations & distractions des
ressorts : Et quelques priuileges qu'ils
ayent donné à leurs sujects, particuliere-
ment à ceux de la Religion pretendue
reformée, si ont-ils voulu que la iustice
leur fust rendue sur les lieux. Et à ceste
fin le Roy Henry le Grand nostre tres-

A iij

honoré seigneur & pere, de tres heureu-
se memoire , auoit estably des Chambres de l'Edict en tous les Parlemens,
lesquelles ont esté verifiées, & receuës en
aucuns desdits Parlemens , & non aux
autres, Ce qui a donné suiect d'attribuer
la cognoissance des causes & affaires de
nos subiects de ladite Religion pretendue reformée à autres Chambres de l'E-
dict d'autres Parlemens, Et a faict que la
plus grande partie de ceux qui sont liti-
gieux , & soustiennent des causes iniustes , quoy qu'ils ne soient de ladite Religion pretendue reformée , ont sceu se
preualoir de fausses attestations des Ministres , & anciens de ladite Religion : &
ont par tels mauuais artifices euoqué la
meilleure part des procez & instances ciuilles, & criminelles, & osté la cognoissance aux iuges naturels. Comme aussi
aucuns de ladite Religion pretendue re-

formée prettent & accommodent leurs
noms à des Catholiques , & interuien-
nent en cause , encore qu'ils n'ayent
aucun interest aux procez desdits Catholiques, pour les faire euoquer & fa-
tiguer leurs parties ; Ce qui est particu-
lierement arriué en nostre Prouince de
Bretagne , où plusieurs se sont supposez
estre de ladite Religion pretendue reformée , & d'autres en ont faict profession
à dessein seulement de faire euoquer
leurs procez & affaires en la Chambre
de l'Edict à Paris ; De façon que nostre
Parlement de Rennes demeure souuent
sans occupation , & nos subiects sont
grandement trauaillez & opprimez de
telles vexations : Pour lesquelles ils sont
bien souuent contraincts d'abandon-
ner leurs droits, quoy que iustes, ou bien
d'en accorder à vil prix pour se redimer
de ceste oppression. Et en arriue encor

vn plus grand mal , qui est que ceux qui
ont recherché & pris telles fausses de-
claratiõs des ministres, encores qu'ils n'a-
yent iamais faict profession de laditere-
ligion pretendue reformée: neantmoins
pour la crainte qu'ils ont de deschoir de
leurs euocatiõs & iniustes poursuittes, ils
ne font plus aucune profession, ny actiõ
de Catholiques , & meurent bien souuent sans recognoissance de leurs fautes,
& sans retourner au giron de l'Eglise, sa
bonté Diuine ne leur en faisant la grace,
& les abandonnant comme ils se sont
diuertis de la verité & des voyes de son
S. Esprit; Ce qui retourneroit sur nous, &
dont nous croirions estre responsables,
si la chose venue en nostre cognoissance
il ny estoit par nous pourueu. Comme
aussi nous auons eu aduis, encore qu'en
nostredit Parlement de Rennes il y aye
autant de Presidens, & Conseillers qu'en

nul autre Parlement de ce Royaume,
fors celuy de Paris : neantmoins eſtans
partagé & diuiſé en deux Semeſtres,
& ſ'y ceſſ'a ces, il arriue que pour l'indiſpo-
ſition, recuſations, ou autres empeſchemens d'aucuns d'entr'eux il ne ſe trouue
ſouuent nombre ſufiſant de iuges aux
Chambres de noſtredit Parlement, Leſ-
quelles ſont contrainctes d'emprunter
des autres Chambres des iuges qui peu-
uent eſtre ſuſpects aux parties, & qu'elles
recuſeroient, ſi elles eſtoient aduerties
que ceux qui ſont ainſi tirez des autres
Chambres deuſſent aſſiſter au iugement
de leurs procez: Et bien ſouuent il arriue
qu'il n'y a pas des Conſeillers aux autres
Chambres en nombre ſufiſant pour ſe-
courir celle qui en a beſoin, & eſt-on
contrainct de ne faire que deux Chambres, & ny ayant que douze Conſeillers
en la Chambre de la Tournelle, quator-

ze aux Enqueſtes , & quatre aux Requeſtes du Palais, il arriue que par les recuſations qui ſe propoſent par les parties
côtre pluſieurs iuges d'vne meſme Châbre, il ne reſte en icelle nombre ſuſſiſant
pour iuger leſdites recuſations. Et parti-
culierement en la Châbre des Requeſtes
du Palais, où les particuliers qui veulent
eſloigner le iugement de leurs procez,
ayant recuſé le Preſident , & les quatre
Conſeillers , font que ladite Chambre
des Requeſtes demeure en impuiſſance
de rendre la iuſtice aux parties, qui en re-
çoiuent de grâds preiudices: Ce qui ar-
riueroit encores plus ſouuent lors que le
cours des Euocations trop frequentes
qui ſe font en noſtredit Parlement de
Rennes, à cauſe de ladite Religion pretendue reformée ſeroit retranché. Car
en renuoyant les procez & differends de
ceux de ladite Religion pretendue refor-

méé

mée à ladite Cour il se trouueroit encores plus d'empeschemens par le moyen
desdites. recusations en la distribution
de la iustice: A quoy voulant pouruoir,
& que nos suiects de nostredite prouince de Bretagne ne soient plus trauaillez
d'Euocations si frequentes, ny distraicts
& tirez de leur ressort, souz pretexte de
la Religion pretendue reformée: At-
tendu mesmes que l'attribution des causes de ceux de ladite Religion pretendue
reformée du ressort de nostredit Parlement de Bretagne n'a esté concedée à
nostre Cour de Parlement de Paris, que
iusques à tant qu'vne Chambre de l'E-
dict fust establie en nostredite Cour de
Parlement de Bretagne pour rendre la
iustice sur les lieux, ainsi qu'il est porté
par l'article XXX. de l'Edict de Nantes.
Et pour faire que les procez & differens
de nos subiects soient terminez & iugez

promptement en noſtredit Parlement
de Rennes, nonobſtant les recuſations,
maladies , ou autres empeſchemens deſ-
dits Iuges. L A Matiere miſe en deliberation
tion en noſtre Conſeil: D E L'A D V I S
de noſtre tres-honorée Dame & Mere,
de noſtre tres-cher Frere le Duc d'Orleãs,
pluſieurs Officiers de noſtre Couronne,
& autres grands & notables perſonna-
ges de noſtre Conſeil, Et de noſtre cer-
taine ſcience, plaine puiſſance & autho-
rité Royalle, N O V S auons par ceſtuy noſtre preſent Edict perpetuel & irreuoca-
ble, D I C T , Statué, & Ordonné , Di-
ſons, Statuons & ordonnons, Qu'à l'ad-
uenir toutes les cauſes, inſtances, procez
& differends de nos ſubiects de ladicte
prouince de Bretagne , de ladite Religion pretendue reformée , tant ciuils,
que criminels , & pour quelque raiſon
que ce ſoit , ſe iugeront & decideront

en la Chambre de la Tournelle de chacune seance & semestre de nostredict
parlement de Rennes, Laquelle s'appel-
lera Chambre de l'Edict, & Tournelle:
Et à laquelle nous auons dés à present attribué & donné, attribuons & donnons
toute cognoissance, cour & iurisdiction
desdits procez & differends ciuils, & criminels de ceux de ladite Religion pretendue reformée, sans qu'ils puissent dores-
nauant estre iugez ailleurs qu'en la
Chambre de l'Edict, & Tournelle de nostredit parlement de Rennes, sinon que
ceux qui par nos Ordonnances, & la
coustume du pays, ont priuilege de de-
mander leur renuoy, & d'estre iugez les
grand Chambre & Tournelle assem-
blez, le demandent & requerent, auquel
cas ils seront iugez, lesdites grand
Chambre & Tournelle assemblées, sans
que cy apres on puisse euocquer de

noſtredit Parlement de Rennes , ſoubs
pretexte de ladite Religion pretenduë
reformée , Voulons & ordonnons que
toutes les cauſes verbales, & procez par
eſcrit , inſtances ciuilles & criminelles,
pendantes & indeciſes en la Chambre
de l'Edict à Paris, en quelque eſtat que
elles ſoient , & pour quelque cauſe que
ſe puiſſe eſtre , ſoient renuoyées comme
de fait, nous les auons dés à preſent renuoyées & renuoyons à ladite Chambre
de l'Edict & Tournelle de noſtredit
Parlement de Rennes , pour y eſtre iu-
gees, decidées, & terminées , ſuiuant nos
Edicts de Pacification , & nos autres
Edicts & Ordonnances, à peine de nul-
lité des Iugements & Arreſts qui ſeroiét
donnez en la Chambre de l'Edict à Paris,
quinze iours apres la verification & pu-
blication de ceſtuy noſtre preſent Edit
en noſtredit Parlement de Rennes , &

preſentation d'iceluy en noſtre Cour
de Parlement de Paris pour y eſtre regi-
ſtrée. Ordonnons que où apres ladicte
preſentation audit Parlement de Paris,
les procez de ceux de ladicte qualité y
ſeroient iugez, que leſdicts procez ſoient
de nouueau iugez en ladite Chambre de
l'Edict & Tournelle de noſtredit Parlement de Rennes, ſans auoir égard aux
Arreſts donnez au preiudice de ces preſentes. Et afin qu'en la Chambre des Enqueſtes de chacune ſceance de noſtredit
Parlement de Rennes, il y aye plus d'affaires, & qu'elle ſoit plus occupée qu'elle n'eſt à preſent, Nous voulons & ordonnons que toutes les inſtances qui
ſont du petit Criminel, ſoient iugées en
ladite Chãbre des Enqueſtes en chacun
ſemeſtre, ainſi & en la meſme forme
qu'il ſe fait aux Chambres des Enqueſtes de noſtredit Parlement de Paris, de-

meurant en la grand Chambre de noſtredit Parlement, la cognoiſſance de
noſtre Domaine, priuatiuement aux autres, comme au paſſé, & de toutes autres
affaires, procez & inſtances, dont ladite
Chambre eſt fondée, de cognoiſtre par
les Ordonnances & Reiglemens, de-
meurant auſſi à noſtredit Parlement de
Rennes la cognoiſſance, Cour, & Iuriſdiction des Aydes, comme auparauant,
& comme il a de couſtume d'en iuger &
cognoiſtre: & tout ainſi que fait noſtre
Cour des Aydes à Paris, & entant que
beſoin eſt, auons audit Parlement de
Rennes, grand Chambre, celles de l'E-
dict, Tournelle, & Enqueſtes, attribue &
attribuons par ces preſentes la cognoiſſance, auctorité, Cour & Iuriſdiction
entiere reſpectiuement des cauſes & ma-
tieres cy deſſus declarées, leurs circon-
ſtances & dependances quelconques, &

afin qu'il y ayt nombre suffisant de Iuges en chacune desdictes Chambres de nostredit Parlement de Rennes , pour rendre la iustice à nos sujeſts. Nous auons creé & erigé, créons, & erigeons en tiltre d'Office formé huict Offices de Conseillers , qui seront partagez aux deux seruices & semestres , dont y en aura deux originaires par chacun seruice & semestre , aux gages de neuf cens cinquante liures chacun,& deux non originaires par chacun seruice & semestre, aux gages de douze cens liures chacun,desquels Officiers sera augmentée ladite Chambre de l'Edict & Tournelle, en laquelle ils seruiront par chacune sceance à leur tour & rang,ainsi que les autres Conseillers. Et auons semblablement creé & erigé, creons & erigeons en tiltre d'Office formé,deux Offices de Conseillers & Pre-

fidens, & quatre Offices de Confeillers
en noftredite Cour , & Commiſſaires aux Requeftes du Palais à Rennes,
pour eftre lefdicts deux Prefidens , &
quatre Confeillers departis aufdites
Chambres des Requeftes des deux ſe-
meftres, defquels quatre Offices de Confeillers, la moitié fera remplie par originaires , & l'autre moitié de non originaires , aufquels deux Confeillers &
Prefidens des Requeftes , & Confeillers non originaires defdictes Requeftes , & à chacun d'iceux Novs
auons attribué & attribuons douze
cens liures de gages par chacun feruice, & à chacun des Confeillers originaires defdictes Requeftes neuf cens
cinquante liures par chacun feruice &
femeftre. Et auons auſſi donné & attribué, donnons & attribuons à tous lefdits
Offices nouuellement creéz & erigez, les

mefmes

meſmes profits, reuenus, & émoluments,
priuileges, droicts, franchiſes, exem-
ptions, libertez & prerogatiues dont
iouiſſent & ſont fondez de iouir nos autres Preſidens & Conſeillers de noſtredit Parlement, comme eſtant du meſme
corps : Et d'autant que les recuſations
frequentes troublent l'ordre de la Iuſtice pour y pouruoir par vn bon regle-
ment. Nous voulons & ordonnons que
nul ne ſoit receu à propoſer recuſations
contre plus de trois parts de ladite Châbre des Requeſtes, pour eſtre les recuſations iugées par la quarrieſme partie des
Iuges. Et en cas que les parties le faſſent
autrement qu'il leur ſera enioint, de re-
ſtraindre dans le iour leurs recuſations, à
faute de quoy faire dans ledit temps que
le procez ſoit iugé, ſans auoir égard
auſdites recuſations, & en cas d'appel du
iugement deſdites recuſations, il ſoit

auſſi paſſé outre à la vuidange & iugement deſdicts procez par les non re-
cuſez, Et pour donner plus de moyen à
nos anciens Officiers eſtablis en noſtredit Parlement de Rennes aux deux ſe-
meſtres & ſeruices, de ſupporter les frais
qu'il leur conuient faire, pour ſouſtenir
la dignité & ſplendeur de leurs charges,
& pour aucunement les deſintereſſer &
deſdommager du preiudice que leur
peut apporter ladite creation & ere-
ction de nouueaux Offices, Nous leur
auons augmenté & attribué, augmen-
tons & attribuons, & donnons, ſçauoir
à chacun des huict grands Preſidens au
Mortier la ſomme de cinq cens liures
par an, outre & pardeſſus les mil liures
d'augmentation de gages à eux cy-de-
uant accordez & octroyez, & à chacun
de tous nos Conſeillers anciens en noſtredit Parlement, & des quatre Preſi-

dens aux Enqueſtes , des deux anciens
Preſidens , & des huiċt Conſeillers anciens & Commiſſaires auſdites Requeſtes, & de nos deux Aduocats, deux cens
liures auſſi par chacun an , & à l'Office
de noſtre Procureur general trois cens
liures par an, & le tout outre & pardeſſus les gages anciens, dont leſdiċts Officiers anciens iouyſſent , laquelle augmentation de gages nous voulons &
ordonnons eſtre payée ainſi que les anciens, & par les meſmes formes & con-
traintes , Deſquels gages d'augmentation auſdits anciens Officiers & d'attribution aux Offices erigez de nouueau
par noſtre preſent Ediċt, Nous voulons
le fonds eſtre pris & leué ſur les deniers
de noſtre recepte generalle de Bretagne,
iuſques à ce que nous leur ayons fait &
aſſeuré autre fonds de pareille valeur,
& ledit fonds pour ladite augmenta-

tion & attribution de gages, estre mis
entre les mains des payeurs desdits gages de nostredite Cour, sans qu'il puisse
estre diuerty, retranché, ny osté pour
quelque cause & pretexte que ce soit. Si
donnons en mandement à noz amez &
feaux Conseillers les gens tenans nostre Cour de Parlement à Rennes, Châ-
bres de nos Comptes, & Tresoriers ge-
neraux de France à Nantes, que ces presentes ils facent lire, publier, & enregi-
strer, & du côtenu en icelles iouyr, & vser
les pourueuz desdictes charges plaine-
ment & paisiblement, sans souffrir ny
permettre qu'il leur soit fait mis ou dô-
né aucun trouble ou empeschement,
Nonobstant toutes lettres, Edicts, reiglemens, & choses à ce contraires, aus-
quelles nous auons derogé & derogeons
par cesdictes presentes, Car tel est nostre
plaisir. Et afin que ce soit chose ferme

& stable à touſiours, Nous auons fait
mettre noſtre ſcel à icelles.   Donné à
Paris au mois de Decembre l'an de grace mil ſix cens vingt ſix.
Et de noſtre regne le dix ſeptieſme.

Signé LOVYS.

Et plus bas, Par le ROY.

POTIER.

Et à coſté viſa, & ſcellé du grand ſceau
en lacs de ſoye de cire verte.

Collationné à l'original par moy Conſeil-
ler & Secretaire du Roy, & de ſes
finances.

www.ingramcontent.com/pod-product-compliance
Lightning Source LLC
LaVergne TN
LVHW011020180726
843502LV00007B/2654